Hanne Baar

Gott macht das Schwache stark

Essays zum Nachspüren

HYMNUS

Hymnus-Verlag

3. Auflage

(1. Auflage 1995)
Umschlagbild: Sven Herzberg, Berlin
Umschlaggestaltung und Grafiken im Text: Jana Herzberg, Berlin
Druck: Schönbach-Druck GmbH, Erzhausen

ISBN 3-9803801-3-0

Inhalt

8 der 11 Aufsätze sind im Zeitraum von 1986 bis 1994 bereits erschienen, Nr. 2, 3, 4, 9 im IGNIS-Journal "Befreiende Wahrheit" (Wiesbaden), Nr. 1 und Nr. 6 in der Zeitschrift"Charisma" (Düsseldorf), Nr. 7 und Nr. 11 in der Zeitschrift "Der Auftrag" (Hurlach). Alle Aufsätze wurden für diese Ausgabe neu überarbeitet, Aufsatz Nr. 4 hat einen neuen Titel bekommen (früher: "Das Gute kennen, der Ausstieg aus negativen Haltungen).

Vorwort

"Gott macht das Schwache stark" ist ein weiterer Band aus der "Gott-macht"-Serie. "Gott macht das Krumme gerade" hat so viel Anklang gefunden, daß ich es wage, dem Leser weitere "Essays zum Nachspüren" vorzulegen. Auch diese sind wieder entstanden im Ertasten einer Antwort auf die Frage, wieso wir, obwohl ernsthaft entschiedene Christen, oft immer noch so gequält sein können. Wo ist der Haken? Wo sitzen wir fest? Was sollen wir lernen? Wo liegen die Irrtümer, die uns binden? – Was mich am meisten freut ist die Tatsache, daß es möglich ist, sich über innerlich Erlebtes auszutauschen und daß die, die das tun, in ihrer Deutung von Zusammenhängen eine so hohe Übereinstimmung miteinander spüren. Einer sagt: "So erlebe ich das und das." Und der andere freut sich, stimmt zu und antwortet: "Genau! Du hast in Worte gebracht, was ich auch sehe." - Geistlich Gesinnten Geistliches geistlich zu deuten (oder sie in ihrer eigenen Deutung seelisch-geistlicher Zusammenhänge zu bestätigen), ist die Absicht auch dieses Buches.

Ich schreibe für die, die vorsichtig mitgehen mit meinen Gedanken und sich prüfen: "Was sagt mir das, was ich da lese?" (Also nicht: "Was sagt die Autorin?" Sondern: "Was sagt mir das, was sie sagt?").

Gott macht das Schwache stark, indem er selbst in uns mächtig wird. Preis sei ihm, er tut es wirklich.

DU MUSST... SONST... !
Eigentliches Ziel: Man ist mit mir zufrieden.
PANIK!
Es ist nicht zu schaffen!
SORGEN
Ich darf leben.
Leistungsberg
Du mußt beruflich, charakterlich, in deiner Kleidung, in deinem Haus, mit der Erziehung deiner Kinder, wissens- und bildungsmäßig, in den Beziehungen zu Menschen ...
... dein Soll vollkommen erfüllen, dann ...
(darfst du leben).

Druck, Streß und keine Zeit

Streß ist heute Thema Nr. 1, was das allgemeine und auch das wissenschaftliche Interesse betrifft.

Streß wird als *die* Zeitkrankheit erlebt. Bereits 1978 erschien unter dem Titel *Phänomen Streß* ein ausführlicher Beitrag von Frederic Vester. Neben anderen interessanten Aspekten findet sich in diesem Buch auch der Hinweis auf das sogenannte *Peter-Prinzip.* Gemeint ist damit, beruflich immer weiter aufrücken zu wollen, bis man sich selbst überfordert hat. Etwas überspitzt wird behauptet, daß auf diese Weise alle wichtigen Positionen in unserer Gesellschaft mit unfähigen Menschen besetzt seien. Tatsächlich handelt es sich bei der Haltung, die den Streß begünstigt, um eine Art Zwang, sich zu übernehmen und sich bis an die Grenzen der eigenen Möglichkeiten zu verausgaben. Kinder, die für die Realschule geeignet wären, gehen zum Gymnasium. Wer eine Mietwohnung bezahlen kann, will ein Haus bauen. Nachdem man ein Studium absolviert hat, bietet es sich an, auch noch zu promovieren usw. Das Motto scheint zu sein: *Immer eine Stufe höher als die, der man sich gewachsen fühlt*. Und das in allen Bereichen: schulisch, beruflich, finanziell, zeitlich, kräftemäßig...

Neuerdings findet sich auch in der psychiatrischen Literatur ein ernster Hinweis auf Streß. Mit der *Streß-Vulnerabilitäts-Hypothese* wird dargelegt, daß es der Streß ist, der, auf dem Boden besonderer Verletzlichkeit (Vulnerabilität), Geisteskrankheiten (Schizophrenie) auslöst. - Das kennen wir aus dem täglichen Leben auch, daß man unter Streß leicht sagt: "Ich dreh' gleich durch!"

Um Streß in seinem Wesen zu verstehen, ist es nötig zu wissen, daß Streß nicht dasselbe ist wie Anstrengung. Im Kern handelt es sich bei Streß um Panik. Das Grundmuster ist folgendermaßen: Ich glaube, etwas Bestimmtes schaffen zu müssen, fürchte aber zugleich, es nicht schaffen zu können.

Streß ist primär eine Sache des Denkens - mit körperlichen Auswirkungen. Entsprechend der Widersprüchlichkeit der Impulse wird im Körper Widersprüchliches ausgelöst: einerseits Alarm, andererseits Blockade und Stau. Der Alarm bereitet den Körper auf Höchstleistung vor, während der Stau dafür sorgt, daß er bewegungslos verharrt. Weil die mobilgemachten Energien nicht wissen, wohin sie sollen, gibt es (nach Vester: Phänomen Streß, München 1978) im Körperhaushalt eine Irritation mit entsprechenden Beschwerden: Verdauungsstörungen; Blockierungen der Sexualfunktion; Ablagerung in den Gelenken und Muskeln; Kreislaufstörungen und anderes.

Auch der seelische Zustand ist gekennzeichnet von Irritation, Verwirrung, Denkblockaden, Verzweiflung. All das variiert von leichter und vorübergehender Ausprägung, wie jede(r) sie kennt, bis hin zu schweren, chronischen Zuständen.

Die Angst vor der Angst

Heute ist im Unterschied zu dem Zeitpunkt, als das Peter-Prinzip zuerst beschrieben wurde (Hamburg 1973), nicht mehr allein der Streß das bemerkenswerte Phänomen, sondern zusätzlich die Angst vor Streß. Hat man einmal die Bekanntschaft mit dem Streß gemacht, liegt es nahe, das, was ihn auslöst, zu fürchten und zu meiden. Menschen, die nicht nur unter *Streß*, sondern bereits unter der *Angst vor Streß* leiden, fragen in der Seelsorge:

Was *ist nur mit mir los? Ich bin geradezu druckallergisch! Überall unterstelle und wittere ich Druck. Das Gefühl, keine Zeit zu haben, ist mein ständiger Begleiter. Oft ist es mir schon zuviel, wenn mich jemand nur anspricht. Selbst mit gutgemeinten Ratschlägen oder Hilfsangeboten fühle ich mich nur belästigt, vereinnahmt, fast schon mißbraucht. Im Grunde genommen habe ich nur einen Wunsch: in Ruhe gelassen zu werden - selbst von denen, die ich liebe.*

Die Alternative

Hin und wieder begegne ich Menschen, die scheinen den Streß überwunden zu haben. Ihre Lebenseinstellung ist:

Ich habe Zeit. Auch wenn ich mich beeile, ist in mir die Gewißheit, Zeit zu haben. Ich bin bereit, zu tun, was zu tun ist. Genauso bin ich bereit für Erholung und

Genuß, wenn sie sich anbieten. Ich lebe gern. Es macht mir Freude zu arbeiten, zu lesen, zu beten, zu telefonieren, zu wandern, zu schlafen, zu sprechen. Ich hüte mich, Unvorhergesehenes als Störung zu werten. Unvorhergesehenes nehme ich als Geschenk und Überraschung. Und für alles danke ich Gott.

Aus solchen Begegnungen spüren wir: Es gibt noch Hoffnung.

Woran liegt es also, wenn es uns nicht gut geht? Liegt es etwa an Gott? Befinden wir uns in einer fehlkonstruierten Schöpfung? - Nein, es liegt an Irrtümern, die wir glauben, an Sünde, in die wir hineingeraten sind, an Haltungen und der für sie typischen, verzerrten Sichtweise. Es liegt an Haltungen der Sorge, des Egoismus, der angstvollen Kontrolle, des Geizes (auch des Geizes mit Zeit und des Ehrgeizes), der Bequemlichkeit und des Stolzes. Für all das ist jedoch bei Gott, wenn wir es ihm bringen, reichlich Vergebung und Erlösung. *Darin* liegt die Hoffnung. Es ist möglich, frei zu werden und wieder Freude am Leben zu finden.

Gebet

Herr, sende dein Licht und deine Wahrheit in mein Leben. Zeig mir, welche Ängste mich in Schach halten, um welche Werte es dabei geht. Nimm mein Leben neu in deine Hand und führe es nach deinen Plänen. Ich vertraue dir, daß du mich zu deiner Ehre tief beruhigen und völlig heilen wirst.

Wollen, was Gott will *oder*
Das feine, freie Zusammenspiel von Wille und Gewissen

Normalerweise, wenn wir ganz intakt sind, wirken Wille und Gewissen in einem feinen, freien Hin und Her von Signalen zusammen. Der Gewissensimpuls bedarf der Zustimmung des freien Willens. Und ein Willensimpuls bedarf der Zu- stimmung des Gewissens.

Wird eine der beiden Instanzen gewohnheitsmäßig übergangen, dann kommt es zu den bekannten, von Psychologen sorgfältig untersuchten Störungen. Wer sein Gewissen nicht beachtet, verwildert und verwahrlost. Und wer sich dessen, was er wirklich will, nicht bewußt wird, wer die innere Zustimmung zu den Vorschriften, die er sich selbst auferlegt, gar nicht einholt, wird zunehmend unzufrieden und "neurotisch".

Im Folgenden soll die Gewohnheit, die Gewissensimpulse nicht ernst zu nehmen, mit *Rebellion* bezeichnet werden. Und die Gewohnheit, die Willenszustimmung (die eigene oder die anderer) nicht einzuholen, sondern einfach darüber hinwegzugehen, mit *Dominanz*.

"Ich lasse mich nicht einschüchtern. Ich tu, was *ich* will!" Mit diesem Ausspruch überraschte mich der bekannte katholische Theologe Karl Rahner während eines persönlichen Kontaktes 1981. Ich stutzte, sah ihn etwas mißtrauisch an und dachte: "Er tut, was *er* will? Tut er nicht, was *Gott* will?" - Inzwischen ist mir der Ausspruch Rahners verständlich. Ich sage heute auch: "Ich lasse mich nicht einschüchtern. Ich tue, was *ich* will." Denn dahinter steht, und das kann bei Rahner auch nicht anders gewesen sein, daß ich will, was Gott will. Soviel habe ich verstanden, daß ich außerhalb des Willens Gottes nicht glücklich sein kann. *Deshalb* will ich, was Gott will.

Auch Watchman Nee warnt eindringlich davor, im Glaubensleben den eigenen Willen (fromm) auszuschalten. Das führe zu Passivität und lade böse Geister ein (Der geistliche Christ, Bd.3, Telos-Verlag 1976).

Zu glauben, daß man etwas zu tun oder zu lassen habe, und es unter Umgehung der eigenen Willenszustimmung dann geradezu automatisch zu tun oder zu lassen, ist der Feind unserer Freiheit und das Gegenteil von verantwortlichem Glaubensleben. Auf diese Weise "fromm" und brav und übereifrig zu funktionieren, bringt uns, weil sich unser Herz nicht vergewaltigen läßt, über kurz oder lang in massive, unterschwellige Rebellion. Alles wird mühsam, wenn das Herz streikt, und das Leben und die Freude, die normalerweise aus unserem Herzen quellen, versiegen.

Gott scheint es auch auf freiwillige, nicht auf erzwungene Gaben oder Opfer anzukommen. In 2. Mose 25,1 heißt es: "Und der Her redete mit Mose und sprach: Sage den Kindern Israel, daß sie mir *freiwillige* Gaben bringen."

Im 2. Korintherbrief (2.Kor.9, 6-7) werden wir belehrt: "Das aber bedenkt: Wer kärglich sät, der wird auch kärglich ernten; und wer im Segen sät, der wird auch im Segen ernten; ein jeder, wie er es sich im Herzen vorgenommen hat; *nicht mit Unwillen oder aus Zwang;* denn einen fröhlichen Geber hat Gott lieb!"

Aus der Tiefe rufe ich, Herr, zu dir

Was ist aber, wenn ich das, was ich soll, nicht wollen kann? - Dann gibt es nur eins, sich das vor sich selbst und Gott einzugestehen.

Wir dürfen zu Gott in jedem Zustand kommen und uns ihm hinhalten, wie wir sind. Wir bitten um Vergebung für den Unwillen und laden den Heiligen Geist ein, unsere Gefühle, unsere Wünsche, unsere Widerstände und Ängste zu berühren und zu heilen. Und warten dann auf sein Handeln an uns. Mehr als das können wir nicht. Aber auf diese Weise bewegt sich etwas in uns. Zumindest ein kleiner Schritt, von echter Liebe motiviert, wird möglich. Gott zeigt uns genau *den* kleinen Schritt, den zu tun wir dann auch wollen können. Und so kommt das Leben wieder in Gang, ohne daß wir uns unter einen eigenen Druck gebracht haben. Wir tasten uns vor und gewinnen Land, wenn auch oft nur millimeterweise.

Von Herzen einzuwilligen in Gottes Willen ist eher ein Sache der Übung als des "Müssens". Lieben zu müssen oder Liebe zu üben, gehorchen zu müssen oder gehorchen zu üben, glauben zu müssen oder glauben zu üben - ist das nicht ein Unterschied? Was wir zu müssen glauben, das können wir oft nicht wollen. Etwas zu üben, sind wir aber bereit.

Und wenn wir auch das nicht sind? Wenn wir auch nicht üben wollen? Dann gestehen wir uns auch das wieder ein. Mit unserer derzeitigen äußeren und inneren Realität, wie sie eben ist, zu Gott zu gehen, ist auf jeden Fall ratsamer, als sich im Geist der Dominanz mit einer Drohung (Du mußt..., sonst...) zu vergewaltigen und eine Einwilligung zu heucheln, die gar nicht existiert.

So sehet nun zu, daß ihr vorsichtig wandelt

Achtung zu haben heißt, auf etwas aufmerksam zu achten. Mißachten heißt, etwas zu ignorieren, es nicht wahrzunehmen, es nicht anzuschauen, eben *nicht* darauf zu achten.

Die Impulse unseres Gewissens zu mißachten, ist bestimmt Sünde. Aber unsere Willenszustimmung zu den Forderungen des Gewissens zu übergehen, ist auch nicht recht. Zu glauben, daß Gott das von uns will, ist ein Irrtum, der Gottes Wesen verkennt.

In der Verbundenheit mit Gottes Geist, im Bewußtsein seiner Liebe für uns, achten wir auf unser Herz und übergehen es nicht, und zwar auch dann nicht, wenn es aufsässig ist. Denn gerade dann ist es nötig zu hören, was es zu sagen hat, wie es ihm geht und was es möchte. Das heißt nicht, daß wir dem Begehren unseres Herzens immer nachzugeben hätten. Aber wir dürfen uns dessen, was unser Herz will, zumindest bewußt werden. Denn nur so können wir bei anstehenden Entscheidungen doppelt prüfen: Will ich das jetzt? Und: Kann ich es verantworten?

In dieser doppelten Prüfung besteht das feine Zusammenspiel von Wille und Gewissen. Erst wenn sie zur Gewohnheit geworden ist, finden wir Frieden.

Der lebendige Rhythmus gesunder Fähigkeiten und seine Verzerrungen

Der Imitator Gottes baut "seine Schwelle an Gottes Schwelle, seine Türpfosten neben Gottes Türpfosten" (Hesekiel 43,8), so daß man leicht die Tür verfehlt.

Jesus ist die Tür, unser Zugang zur Teilhabe an Gottes Wesen, an Gottes Tugenden. Außerhalb von Gott ist der Ersatz, das Imitat, die Entartung, die Karikatur.

Gott sorgt durch seinen Geist, mit dem er sich uns mitteilt, dafür, daß es uns im Laufe unseres Glaubenslebens möglich wird, immer klarer zu unterscheiden zwischen einer Fähigkeit (oder Tugend) und deren Imitat, also zwischen Original und Fälschung.

Wer die nachfolgende Liste durchsieht, wird das Wesen der Tugend vom Wesen der Untugend (der Sünde) in Anmutungsqualität und "Geschmack" leicht unterscheiden und gleichzeitig auch verstehen, wieso Worte oft so mißverständlich sind. (Der eine verbindet mit einem Wort eine Tugend und der andere die Untugend, die Unart.)

ORIGINAL	–	FÄLSCHUNG
anleiten und führen	–	dominieren, reglementieren
Autorität haben	–	autoritär sein
Verantwortlichkeit	–	Sorge
"nein"-sagen	–	rebellieren
ermahnen	–	Vorwürfe machen
sich durchsetzen	–	Rücksichtslosigkeit
die Gabe der "Unterscheidung der Geister"	–	Kritik
Ordnung	–	Pedanterie
Freiheit	–	Zügellosigkeit
Selbstbewußtsein	–	Hochmut
Selbstannahme	–	Selbstgefälligkeit
Demut	–	Unterwürfigkeit
Traurigkeit	–	Selbstmitleid
Genuß	–	Gier
Verzicht	–	Resignation
sich Zeit lassen	–	trödeln
zusammenhalten	–	sich parteien
Interesse	–	Kontrolle
Kontakt aufnehmen	–	sich anbiedern
Gefallen finden an etwas, was ein anderer hat	–	Neid
Besitz zusammenhalten	–	Geiz
Großzügigkeit	–	Verschwendung
Reue	–	Schuldgefühle
sich hüten, sich in acht nehmen	–	Ängstlichkeit
hoffen, wünschen	–	Ansprüche stellen
Wachsamkeit	–	Mißtrauen
Entschiedenheit	–	Fanatismus
Glaube	–	Aberglaube
Heiligkeit, Vollkommenheit	–	Perfektionismus
und so fort...		

Beim Vergleich beider Seiten der oben angeführten Punkte liegt die Geistlosigkeit der rechts aufgeführten "Fähigkeiten" auf der Hand. Die Frage ist natürlich: Wie konnte es dahin kommen, daß die Reaktionen automatisch und "geistlos" wurden? Und: Wie findet man zurück zum angemessenen Verhalten? Im Folgenden wird versucht, die Zusammenhänge noch genauer darzulegen.

Das Muster

Anhand eines Beispiels soll für das Begriffspaar "Arbeiten - Freizeit gestalten" auf ein bestimmtes, auch den anderen Fähigkeiten innewohnendes Muster hingewiesen werden. Dieses Muster zu kennen, ist vor allem dann hilfreich, wenn es bereits zu Einseitigkeiten gekommen ist.

Manche Kinder zum Beispiel arbeiten *gern* für die Schule, andere nicht. Das Kind, das gern arbeitet, kann in die Versuchung geraten, nach und nach so ehrgeizig zu werden, daß seine Schulleistungen auf Kosten anderer altersgemäßer Verhaltensweisen gehen, zu denen es schließlich kaum noch kommt und am Ende gar nicht mehr in der Lage ist: Spielen, Kameradschaft, Humor, Abenteuerlust und anderes mehr. - Das andere Kind, das sich gern vor allem, was mit Schule zusammenhängt, drückt, kann erleben, daß sich sein Interesse immer ausschließlicher aufs Vergnügen richtet. Spielen, Kameradschaft, Humor, Abenteuerlust sind das, was es fast nur noch im Kopf hat.

Der lebendige Rhythmus zwischen Arbeiten auf der einen und Freizeitgestaltung auf der andern Seite ist bei *beiden* Kindern gestört. In Bezug auf Schulleistung ist das eine Kind übereifrig, das andere unlustig. In Bezug auf Freizeit und Vergnügen ist das eine Kind lahm, hilflos, unlustig, das andere dagegen gewitzt und möglicherweise unersättlich. Man kann es auch so ausdrücken: In Bezug auf Schulleistung ist das eine Kind über-, das andere untermotiviert, in Bezug auf Freizeitgestaltung, Erholung und Vergnügen verhält sich die Sache umgekehrt.

Derartige Einseitigkeiten erklären sich aus Erlebnissen und Entscheidungen, die im Laufe der Lebensgeschichte zu Dauereinstellungen geführt haben. Vorübergehend kann eine Einseitigkeit dazu dienen, ein bestimmtes Lebensthema zu erobern oder sich darin zu spezialisieren. Auf die Dauer macht sie aber krank.

Weil zwischen zwei Fähigkeiten-Polen alle nur möglichen Kombinationen und Übergänge vorkommen, ist es zweckmäßig, sie sich als die beiden Enden einer Skala vorzustellen:

Arbeiten – Freizeit gestalten

Durch die Vernachlässigung eines Fähigkeitenpols kommt es - wie oben skizziert - zu einer *zu* starken Ausprägung des anderen Pols, zu einem Ausufern über die Grenzen des Normalen hinaus.

Da dies sowohl nach der einen wie nach der anderen Seite hin geschehen kann, ergibt sich jetzt - bezogen auf die beiden Pole einer Fähigkeit - ein Bild von nicht mehr zwei, sondern vier Möglichkeiten, zwei gesunden und zwei ungesunden.

Arbeitssucht	← Arbeiten Freizeit gestalten →	Vergnügungssucht

Jede einseitig praktizierte, zur Karikatur entartete Fähigkeit bedarf, wenn wir sie auf eine automatische und zwanghafte Weise ausleben, des vernachlässigten Gegenpols, um sich in ihrer Intensität zu normalisieren. In unserem Falle also kann aus Arbeitssucht nur dann wieder normales Arbeiten werden, wenn der Bereich der Freizeitgestaltung entdeckt und behutsam zurückerobert wird. Umgekehrt gilt das Gleiche. Vergnügungssucht wird "entdichtet" durch die Bereitschaft, auch seine Pflichten zu erfüllen. Man benutzt also den gleichen Weg, der in die Störung hineingeführt hat, um aus ihr wieder herauszutreten (nur diesmal nicht vorwärts, sondern indem man sich umkehrt und ihn zurückgeht). Die nebenstehende Tabelle soll das aufgezeigte Muster noch weiter verdeutlichen. In der Mitte findet sich das gesunde Fähigkeitenpaar, und außerhalb erscheinen die zur Karrikatur entarteten Imitate.

Das Vierer-Muster von "Original" und "Fälschung"

Hochmut	← Selbstachtung - Demut →	Unterwürfigkeit
Aktivismus	← Tun (handeln) - lassen →	Passivität
Pedanterie	← Sorgfalt - Großzügigkeit →	Schlamperei
sich an Menschen hängen	← Gemeinschafts-fähigkeit - allein sein können →	sich isolieren, vereinsamen
Überverant-wortlichkeit	← Verantwortung übernehmen - Verantwortung loslassen →	sich vor der Verant-wortung drücken
Leichtgläubigkeit, Aberglauben	← glauben, vertrauen - prüfen →	Zweifel, Ungläubigkeit
trödeln	← sich Zeit lassen - sich beeilen →	Hektik, Streß
Autoritär sein	← Autorität sein - sich unterordnen →	Autoritäts-hörigkeit
Geiz	← Werte besitzen - Besitz teilen →	Werte verschwenden
plappern	← sprechen - schweigen →	verstummen
Selbstanklage, Schuldgefühle	← Reue - Erlösungs-gewißheit →	Skrupellosigkeit
Aggression	← sich wehren - ertragen →	hilflose Wehrlosigkeit

Wer dieses Vierer-Muster einmal verstanden hat, kann selbst für jede beliebige Fähigkeit erst den Gegenpol und dann auch die beiden zugehörigen Entartungen finden.

Unser Leben spielt sich in Rhytmen ab, Schlafen - Wachen, Somer - Winter, Arbeitszeit - Freizeit.... Alles hat seine Zeit (wie es in Prediger 3, 1-8 aufgeführt ist): Zerstören und Bauen, Weinen und Lachen, Klagen und Tanzen, Schweigen und Reden, Lieben und Hassen und vieles mehr.

Es bedarf wirklicher Achtsamkeit, damit das Angemessene zu *seiner* Zeit auch stattfindet. Andernfalls gerät solch ein Rhythmus gesunder Möglichkeiten und Fähigkeiten aus dem Gleichgewicht. Es kommt zu Einseitigkeiten zur einen oder zur anderen Seite, die dann in ihrer Übersteigerung eher einem psychischen Symptom als einer gesunden Fähigkeit gleichen.

Quellennachweis: Heinz Strauß, München: mündliche Unterweisung zur FAT (=Fähigkeiten aktivierende Therapie) oder, wie diese Therapieform später hieß: "Verdichtungsanalyse"
Hanne Baar: "Wonach sich das Herz verrenkt" in "Gott macht das Krumme gerade", Rottendorf 1994
Paul Helwig, "Charakterologie", besonders das Kapitel "Das Wertequadrat" S. 654, Stuttgart 1965 [4]

Den Riegel lösen – ein Beitrag zum Thema Resignation

Beleidigte, bittere, resignative Reaktionen hinterlassen in unserem Denken Spuren. Die Spuren bestehen aus leisen Sätzen, die auf "... ja doch nicht!" enden. Solche "Ja-doch-nicht" - Reaktionen, sind sie erst einmal automatisch geworden, stellen permanent Weichen, durch die ganze Lebensbereiche, kostbare äußere und innere Lebensbereiche, abgehängt, ja abgeriegelt werden.

Werft euer Vertrauen nicht weg!

"Man versteht mich *ja doch nicht*, also spreche ich auch erst gar nicht über das, was mich bewegt." - "Ich kann das *ja doch nicht*, also versuche ich es erst gar nicht." - "Gott hilft mir *ja doch nicht*, also bete ich gar nicht erst." "Ich bin in diesem Kreis *ja doch nicht* erwünscht, also gehe ich gar nicht erst hin." Solche "Ja-doch-nicht" - Sätze, wenn sie erst einmal aufgenommen und eingefleischt sind in unser Denken, wirken automatisch. Und so gilt es achtzuhaben auf sie, ihre heimtückisch-manipulative Kraft zu erkennen und sie in ihrer Aussage rückgängig zu machen. Dabei kann eine Art Hürde

darin bestehen, daß man auf den Racheeffekt solcher Sätze nicht verzichten möchte. Wer sich diese kostspielige Art von Genugtuung aber eingesteht, der wird dann auch auf sie verzichten können. Er wird das Ausmaß des Verlustes und der Beraubung erahnen, die nicht nur im eigenen Erleben, sondern bald auch in der Realität stattfinden, weil solche bitteren Sätze nach und nach tatsächlich *dem* Raum schaffen, was wir durch sie vorwurfsvoll unterstellen. Negative Behauptungen, auch wenn sie nur in Gedanken stattfinden, wirken wie Flüche und sind eine Saat, die über kurz oder lang aufgeht. Und dann erntet man, was man gesät hat.

Aber der Geist des Menschen weiß, was im Menschen ist

Im Zuge der Bereitschaft, so zu vergeben, wie mir durch Gott vergeben ist, habe ich selbst über Jahre vor allem das beachtet, was mir *aktiv* angetan wurde. Relativ spät kam ich drauf, daß die tiefgreifendste Bitterkeit in mir über das bestand, was ich *nicht* bekommen hatte, was mir in meinem Leben an Liebe, Verständnis, Interesse, Annahme, Respektierung (vermeintlich oder wirklich) vorenthalten worden war. Diese Art Bitterkeit gipfelte in Resignation, die hinsichtlich der Themen, um die es ging, in jedem Fall das Etikett"... ja doch nicht" hatte.

Als ich für solche "Ja-doch-nicht" - Impulse nach und nach immer wachsamer wurde und schließlich die Verantwortung für sie zu übernehmen begann, wurde mir auch die in ihnen enthaltene verborgene Bitterkeit bewußt. Mit der Umkehr von Bitterkeit, wenn sie mir möglich war, gewann ich dann ganze Lebensbereiche für mein äußeres oder inneres Erleben zurück. Dieser Prozeß, durch achtsames Prüfen dessen, was man da automatisch glaubt und unterstellt, zur Umkehr von Bitterkeit zu finden und wieder reich zu werden, ist, was mich betrifft, noch nicht abgeschlossen. So viel ist aber schon klar: Wenn ich angesichts bestimmter Herausforderungen ermatte, erlahme, entmutigt aufseufze und die Flinte ins Korn werfen will, dann liegen diesem Verhalten alteingefleischte "Ja-doch-nicht" - Vorurteile zugrunde, die durch bestimmte Signale aus den aktuellen Umständen wie durch Schalterdruck neu belebt worden sind.

Ja, zur Freiheit hat uns Christus befreit!

John und Paula Sandford lehrten anläßlich eines Seminars in Freiburg im Mai 1989 in folgendem Sinne: "Vergib deinem Vater, wenn er nicht da war. Vergib ihm sogar, wenn er tot ist, daß er nicht da war. Und vergib ihm auch dann, wenn du gar nicht weißt, daß du ihm seine Abwesenheit nicht vergeben hast."

In Seelsorgegesprächen mit Ratsuchenden, die unter Passivität, Initiativelosigkeit, schlechter Stimmung, Depression... leiden, spielen "Ja-doch-nicht" - Sätze eine beträchtliche Rolle. Diese sind so tückisch, daß sie sogar die Ermutigung durch die tröstlichen Zusprüche aus dem Wort Gottes verhindern können (wenn wir wie willenlos mitspielen).

Die "Ja-doch-nicht" - Sätze sind für den, der noch ungeübt darin ist, sich ihrer bewußt zu werden, ebenso so unscheinbar (leise und flüchtig) wie destruktiv. Wenn wir sie dennoch "ertappen" und ihrem Inhalt nach identifizieren, können sie zumindest nicht mehr automatisch und ohne unser Wissen wirken. Dann bestimmen wieder wir, ob wir sie ihr destruktives Werk tun lassen oder sie als Hinweis auf Nichtvergebenes nutzen wollen.

Im Namen dessen, der eherne Türen zerbricht und eiserne Riegel zerschlägt

Die Riegel, die aus "Ja-doch-nicht" - Sätzen bestehen, sind also auffindbar und auflösbar. Und das sowohl bei einem selbst als auch in der Seelsorge bei anderen.

Eins ist in diesem Zusammenhang noch wichtig: Wenn wir bei der sorgfältigen Beachtung unseres inneren Verhaltens auf Bitterkeit stoßen, dann heißt die Parole nicht, "vergeben müssen", sondern "vergeben". Oder, wenn das nicht so ohne weiteres gelingt, "vergeben üben". Dran zu bleiben empfiehlt sich - zäh und geduldig. Es lohnt sich. Mir kommt es so vor, als hätte ich in den letzten Jahren dem Feind mein Leben millimeterweise wieder aus dem Rachen gezogen, nachdem ich es über weite Strecken durch Bitterkeit an ihn verloren hatte.

Es geht nur mit dem Heiligen Geist. Aber der Heilige Geist ist da. Als Helfer, Beistand, Tröster.

Bei Gott ist kein Ansehen der Person

"Wenn ihr aber die Person anseht, dann tut ihr Sünde" (Jak.2,9).

Die Menschen der westlichen Welt, vielleicht besonders die Deutschen, investieren viel (vielleicht alles?), um nicht so zu sein oder zu werden wie die, die sie verachten. Im Nationalsozialismus und in jedem anderen Rassismus trat und tritt dieses Denken besonders kraß zutage.

Wir unterscheiden uns in der Regel zwar darin, *welche* Personengruppen wir insgeheim oder offen verachten, aber *daß* es für uns solche Personengruppen gibt, daß in unserem Denken Kategorien bestehen, nach denen wir uns blitzschnell über den Wert eines Menschen orientieren, darin unterscheiden wir uns normalerweise kaum.

Je nach den Ansichten, die schon unsere Eltern hatten, differenzieren wir zwischen schön und häßlich, alt und jung, arm und reich, klug und dumm, vornehm und "gewöhnlich", gepflegt und ungepflegt, psychisch gesund und psychisch labil, gläubig und ungläubig, kunstverständig und "Kunstbanause" und so weiter.

Solange wir in der verborgenen Absicht, uns selbst auf- und andere abzuwerten, derartige Wertgefälle in uns kultivieren, bleiben wir in der geheimen Angst, durch unsere eigenen Wertkategorien durchzufallen.

Jesus warnt in Joh. 5,44: "Wie könnt ihr zum Glauben kommen, die ihr Ehre voneinander nehmt und die Ehre vom alleinigen Gott nicht sucht?" - Alle Anstrengungen, in diesem Sinne innerhalb unserer eigenen Wertkategorien auf der richtigen Seite zu bleiben, dienen der Absicht, "Ehre voneinander zu nehmen". - Für den, der sich in dieser Hinsicht genauer auf die eigene Schliche (und die inneren Zwänge) kommen und von jedem Dünkel frei werden möchte, stellen sich folgende Fragen:

Nach welchen Merkmalen beurteile *ich* die Menschen? Welche Vorurteile beherrschen *meine* Wahrnehmung? Nach welchen Gesichtspunkten bewerteten bereits meine Eltern die Menschen? Welcher Person oder welcher Personengruppe habe ich mit verachtungsvoller Abwertung (und sei es nur in Gedanken) Unrecht getan? Welcher Merkmale wegen? Welcher Art ist der Dünkel, der mich dabei leitete? Will ich ihn aufgeben? Will ich meine Sichtweise ändern und damit aufhören?

Die Verborgenheit des Stolzes liegt immer in der Verborgenheit unzutreffender Vorstellungen

Es ist uns möglich, uns in unserer eigenen Vorstellung groß und bedeutungsvoll zu sehen. In der Spannung und in der Not, von anderen nicht geliebt und nicht geachtet zu werden, die jeder Mensch erlebt, bietet sich uns auf diese Weise der Stolz als Trost an. Je nachdem, wie sorgfältig wir uns über unsere Gedanken Rechenschaft geben, kann, wenn diese Sorgfalt fehlt, die überzogene Vorstellung von der eigenen Wichtigkeit zu einer *Dauerhaltung* von Überheblichkeit werden. Man sieht sich selbst groß, und andere sieht man klein. An diesem Gefälle hat man Freude. Diese Freude macht den Stolz so populär.

Überheblichkeit kann zur Dauerhaltung werden

Die geläufigen Begriffe für Stolz sind: Überheblichkeit, Selbstüberschätzung, Angeberei, Hochmut, Eingebildetsein.

Wird uns im Laufe unserer Lebensgeschichte bewußt, wie häßlich der Stolz im Grunde ist, daß er uns keinesfalls ziert, beginnen wir, uns seiner zu schämen und versuchen, die eingefleischte Überheblichkeit gegenzuregulieren. Wir tun das, indem wir uns herablassen, und passen dabei zusätzlich auf, daß unser Verhalten nicht herablassend *wirkt*. So zu verfahren, ist äußerst anstrengend.

Zuerst braucht es Kraft, sich zu überheben, dann braucht es Kraft, sich wieder herabzulassen, außerdem braucht es Kraft, die Heuchelei, die darin liegt, zu verbergen, gleichzeitig entstehen Neid und Ärger darüber, daß man sich, verglichen mit anderen, so anstrengen muß.

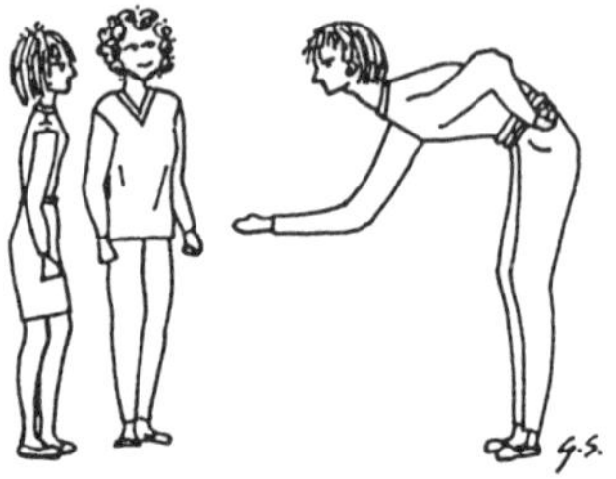
Sich herablassen strengt an.

Die Größe der Differenz, die in unseren Augen zwischen dem eigenen Wert und dem Wert anderer besteht, ist das *Maß des Stolzes*, zu dem wir uns haben verführen lassen. Aus Gottes Sicht gibt es diese Differenz nicht. Bei ihm ist kein "Ansehen der Person". Jeder Mensch hat sein eigenes Schicksal. Die Abrechnung kommt erst am Ende, wenn Gott, der alleinige Richter, alles offenbar werden läßt, wofür wir heute noch blind sind.

Stolz bereuen

Die *wirkliche* Umkehr vom Stolz geht von der Erkenntnis aus, daß man stolz *ist*. Man gibt vor Gott zu, daß man sich bestimmter Qualitäten wegen selbst mehr Wichtigkeit zuschreibt als anderen Menschen und bittet dafür um Vergebung.

Umkehr von Stolz ist damit etwas anderes, als seine Überheblichkeit gegenzuregulieren und sich herabzulassen. Umkehr von Stolz ist auch etwas anderes als Selbstvorwurf und Selbstablehnung.

Zur Umkehr von Stolz gehört es, herauszufinden, *welche* Art von Wertkategorien in meinem Denken eine Rolle spielen, und zu sehen, wie ich mit ihrer Hilfe Menschen auf- oder abwerte, um ihnen "Ansehen" zu nehmen oder zu geben.

Wer erschrocken feststellt, daß er stolz ist, ist nicht mehr stolz. Den eigenen Stolz zu sehen und als Stolz zu bezeichnen, ist ein Akt der Demut. Mehr als seine Schuld zuzugeben, zu bereuen, Gott dafür um Vergebung und Erlösung zu bitten und sich dann vorzusehen, kann niemand.

Gemeinschaft auf gleicher Ebene

Beziehungen, die wohltun, finden auf gleicher Ebene statt - in gegenseitiger Achtung.

Gemeinschaft auf gleicher Ebene ist etwas, wonach sich jeder Mensch zutiefst sehnt.

Das Gefälle an Wert und Wichtigkeit, das in unseren Augen zwischen uns und einem anderen Menschen (oder einer ganzen Menschengruppe) besteht, wird von uns sinnvollerweise zuerst *da* ausgeglichen, wo es in Erscheinung tritt: in unse-

Verbundenheit und Freundschaft finden auf gleicher Ebene statt:

rer Vorstellung. Wir werden in unseren eigenen Augen kleiner, den anderen lassen wir größer werden, und zwar um genau den Betrag, der nötig ist, daß wir beide auf gleicher Ebene Gemeinschaft haben können.

Wer sich auf diese Weise vom Stolz löst, wird auch nicht mehr so leicht abstürzen in das Gefühl, minderwertig zu sein. Denn das ist nur *die Folge* des Wertgefälles, das wir - "die Person ansehend"- irrtümlich aufrichteten.

"Und ich will noch geringer werden als diesmal und niedrig sein in meinen eigenen Augen", antwortete König David seiner Frau Michal. Sie hatte die Nase gerümpft, weil der König in der Freude seines Herzens in Gegenwart seiner Mägde vor Gott getanzt hatte. (1. Sam. 6,22)

Die Tücken innerer Gewißheit

Zum Fahrwasser bestimmter Haltungssünden gehören immer innere Sichtweisen. So hält sich ein Hochmütiger für etwas Besonderes und nicht für hochmütig. Ein Geiziger sieht die Notwendigkeit, sich sichern und sein Geld festhalten zu müssen. All das vielleicht mit bestem Gewissen. Aber es ist die Sicht des Geizes, der Habsucht, die ihn quält, die sein Denken, Handeln und Fühlen bestimmt, und die es ihm unmöglich macht, in Freude geben und schenken oder auch nur verzichten zu können.
- Hat Bitterkeit im Leben eines Menschen Raum gewonnen, dann sieht ein Außenstehender leicht: "Dieser Mensch ist voll von Vorwurf. Wenn er doch nur vergeben könnte!" Er selbst, in der Sicht der Bitterkeit, weiß nur, wie sehr er verletzt wurde.

- Wer darauf eingespielt ist, zu dominieren, fühlt sich zuständig, überlegen, vielleicht überfordert. Er gibt nichts aus der Hand, hat innere, kaum bewußte Drohbilder, daß ohne ihn alles chaotisch werden würde, kommt aber nicht auf den Gedanken, sich von der Sünde des Dominierens und der damit einhergehenden Selbstüberschätzung zu bekehren, was für ihn selbst und für andere eine erhebliche Entlastung zur Folge hätte.

Weil ich mit allen genannten Haltungssünden tiefe persönliche Bekanntschaft habe, kenne ich ihre Tücken, vor allem die Tücke der inneren Gewißheit, mit der man sich im Recht fühlt und nicht drauf kommt, sich von seiner Sünde zu bekehren.

Aber, Preis dem Herrn, wer kennt nicht, daß die Sicht kippen kann, daß man im Gebet, in der Fürbitte oder im Lobpreis auf einmal ganz andere Bilder bekommt, die eigene Sünde sieht und dann, weil man sie sieht, auch daraus aussteigen kann!

Haltungssünden, Wurzelsünden, Wesenssünden - verschiedene Bezeichnungen für dasselbe. Vielleicht ist der Begriff "Haltungssünde" der geeignetste, weil im Wort Haltung schon die Wegweisung für die Befreiung mitklingt: Irgend etwas halte ich nämlich, was, wenn ich es loslasse, die Hände freigibt, Jesus zu halten, sein Wesen in mir.

Haltungssünden sind Pflänzchen, Pflanzen oder Bäume auf dem Boden meiner Lebenswunde, die deren Heilung verhindern. Es ist gut, sie auszurotten. Wie macht man das? Wie wird man von Haltungssünden frei? Indem man davon umkehrt, sobald sie bewußt werden. Eine Hilfe, eine Art Beichtspiegel, ist die Zusammenstellung der verschiedenen Haltungssünden von Basilea Schlink in dem Buch: "So wird man anders" (Darmstadt 1983).

Von Haltungssünden frei zu werden, heißt Heilung von Quälimpulsen zu bekommen. Wenn ich mich von den mir bewußt gewordenen falschen

Haltungen trennen will, werden diese Quälimpulse erst womöglich noch intensiver auftreten. Wenn wir jedoch konsequent bleiben, und wenn wir uns durch Rückfälle nicht entmutigen lassen, müssen sie über kurz oder lang aber doch aus unserem Erleben verschwinden und dem Geist Gottes Raum geben, der uns in die wohltuende Freiheit der Kinder Gottes führt, in eine wahrscheinlich nie zuvor gekannten Lebensqualität.

Gebet

Herr, ich weiß, daß ich vor dich kommen darf, wie ich bin. Aber ich stelle mich dir mit meinem Charakter, der in der frühen Kindheit grundgelegt wurde. Ich stelle mich dir mit meinen damals entstandenen Haltungen. Bitte, laß mich nicht in Unkenntnis über falsche Haltungen, falsche Vorstellungen, falsche Gewißheiten. Durchdringe sie mit Erlösung, und entferne sie von mir.

Amen.

"Will ich oder will ich nicht?" – Liebessehnsucht und Bindungsangst

Die Psychologie kennt den sogenannten Urkonflikt zwischen "Autonomie" und "Intimität". Gemeint ist, daß zwei Ängste, die wir schon aus unserer Kindheit mitbringen, miteinander in Widerstreit liegen können, wenn es darum geht, eine Beziehung einzugehen. Es ist auf der einen Seite die Angst, einsam und allein zu bleiben, und auf der anderen die Angst vor Bindung, d.h. vor Enge und Unfreiheit.

Es kann sehr hilfreich sein, sich über das Zusammenspiel beider Ängste bewußt zu werden, um momentane Schwierigkeiten oder gescheiterte Beziehungen zu verstehen und daraus zu lernen.

Praktisch gestaltet sich der angedeutete Konflikt oft so: Ein Mann ist von einer Frau so lange fasziniert, wie sich diese rar macht, also nicht auf ihn eingeht. Er strengt sich an, setzt alles Mögliche ein, denn er will diese Frau um jeden Preis für sich gewinnen. Der Wunsch nach Nähe, nach Gemeinschaft, nach Intimität mit genau dieser Frau leitet ihn. Die andere Angst, die vor Unfreiheit, die *auch* in ihm schlummert, ist währenddessen nicht auf dem Plan. Die Verhältnisse können sich jedoch schnell ändern, sobald er die Frau oder das Mädchen von sich überzeugt und für sich gewonnen hat. Dann tritt die andere Angst, die vor Bindung, Vereinnahmung, Enge, Nähe, Unfreiheit ins Spiel. Die Frau spürt entsetzt, daß sich ihr der Mann, nachdem er sie erobert hat, zu entziehen beginnt.

Die Angst, fallengelassen zu werden, unwert zu sein, unerwünscht, löst in ihr ein "Klammern" aus, dem der Mann sich nun erst recht entziehen zu müssen glaubt.

Dieses für beide Seiten äußerst schmerzhafte Drama kann natürlich auch mit genau umgekehrter Rollenbesetzung gespielt werden.

Im Rahmen dieser - einerseits hochneurotischen, andererseits allgemein verbreiteten - Verhaltensweisen gibt es Eskalationen, die äußerst zerstörerisch, schmerzhaft und überfordernd erlebt werden. Nach einer Trennung, die auf Grund solcher oder ähnlicher Konflikte erfolgt, kann man lange damit zu tun haben, das Erlebte zu verstehen, einzuordnen, zu vergeben und daraus die richtigen Schlüsse zu ziehen.

Dabei hilft zu wissen:

- Derartige Konflikte sind in gewisser Weise bei Partnerschaften immer mit im Spiel. Jedes Paar hat sie, nur nicht jedes Paar gleich heftig.
- Diese Konflikte sind, sofern man darüber spricht, nicht unlösbar. Sie müssen einer Beziehung auch nicht schaden, ja, es ist möglich, sich gerade dadurch nah zu kommen, daß man einander in dem versteht und kennenlernt, was jeweils sehr große Angst macht.

- Das Problem ist die Unbedingtheit. Wenn ein Partner den andern "um jeden Preis" will, weil er "um keinen Preis" allein und einsam sein mag, dann löst er durch diese Unbedingtheit seines Wollens beim andern die Angst vor Vereinnahmung geradezu aus. Genauso umgekehrt: Wer "um jeden Preis" seine Freiheit und Autonomie behalten will, weil er "um keinen Preis" endgültig auf Treue verpflichtet sein möchte, der sät im andern geradezu die Angst, verlassen zu werden und erntet damit, was er am meisten haßt: daß der Partner oder die Partnerin sich anzuklammern beginnt.

In gesunden, tragfähigen Beziehungen kann über das, was Angst macht, angstfrei gesprochen werden. Darin unterscheiden sie sich von neurotischen Beziehungen (nicht durch Angst- und Konflikt*freiheit*). Es wird nach und nach möglich, einander *richtig* zu verstehen und *wirklich* kennenzulernen. Und genau das, was die Beziehung spalten und zerstören will, dient dann einer echten, für beide Seiten angenehmen, wirklichen Vertrautheit.

Die Alternative, um die es in Wirklichkeit geht, ist also nicht:"Was ist schlimmer, sich vereinnahmen zu lassen oder allein zu bleiben?" Die *eigentliche* Frage ist: "Will ich mich diesen beiden einander widerstreitenden Ängsten und den durch sie entstehenden Konflikten im Vertrauen auf Gott, der uns hilft, offen und gewissenhaft stellen? Oder sollen diese Ängst *mich* bestimmen (mich überwinden)? - Diese Frage hat es in sich.

Die Chance von Krisen

Die Bereitschaft zu tun, was man kann, kommt, soweit ich sehe, bei jedem Menschen an Grenzen. Unter bestimmten Umständen tut jeder gern, was er kann. Aber es gibt immer den Punkt, da sind wir nicht mehr bereitwillig, sondern unwillig. Wir sagen "nein", "nicht mit mir", "hier ist die Grenze dessen, was ich zu ertragen und zu vergeben und weiterhin mitzuspielen bereit bin". Im Grunde heißt das (das gibt man nicht so gern zu): "Hier ist die Grenze meines Gottvertrauens." Das ist der allgemein bekannte "Widerstand". Wir sind - bezogen auf das, was in unserer Verantwortung liegt - entweder bereitwillig oder widerwillig. (Vom normalen Nein unterscheidet sich der Widerstand in seiner Granithärte.)

Ein tiefer geistlicher Sinn hinter allen Nöten, die zu unseren unterschiedlichen Lebensschicksalen dazuzugehören scheinen, liegt offenbar darin, daß sich nach und nach die Grenzen der Bereitwilligkeit, mit der wir Gott dienen, erweitern. Die Not, die dazu oft nötig ist, nennen wir "Krise". "In eine Krise kommen" ist gleichbedeutend mit "an seine Grenzen kommen".

Niemand geht gern freiwillig bis an seine Grenzen. Wir gehen nicht einmal gern in Grenznähe. Denn an den Grenzen ist Kampf, Hilflosigkeit und

Schmerz. Die Folge hiervon ist, daß die Grenzen nicht ertastet, verstanden und gesprengt werden können. In der Krise, und darin besteht sie, kann man dem, was uns an unsere Grenzen bringt, nicht mehr ausweichen. Genau darin liegt die Chance, daß sie gesprengt werden.

Krisenzeiten sind schwere Zeiten, in denen wir Enttäuschungen zu verarbeiten und zu verschmerzen haben, Enttäuschungen über uns selbst, über das Leben, über einen Menschen, vielleicht auch über Gott oder das, was wir für Gott halten.

Die raffinierten "neurotischen"Konstruktionen der Schmerzabwehr, die wohl jeder in sich finden kann, haben sich im Laufe der Jahre um denjenigen Schmerz herum gebildet, den man "um keinen Preis" erleiden wollte. An diesen Schmerz nun führt die Krise heran. Das hat große Aufregung oder lähmende Angst zur Folge. Aber nach und nach wird uns vieles klarer, und dieser bestimmte Schmerz verliert seinen Schrecken. Das "neurotische" Charaktergebäude um den Schmerz herum, das nur zu dem Zweck aufgebaut wurde, um den Schmerz abzuwehren, wird schließlich überflüssig. Irgendwann fällt es zusammen wie ein Kartenhaus. Etwas Neues ist an seine Stelle getreten - glücklicherweise. Man muß ihm nicht nachtrauern.

Vor der Krise war man ahnungslos gewesen. Man hatte noch problemlos "funktioniert". Es gab Hoffnung, ganz bestimmte Ziele zu erreichen, Ziele, für die sich die Anstrengung lohnte. Dann jedoch, und das löste die Krise aus, stellte sich heraus, daß man "es" nicht schafft, was man zu schaffen hoffte oder - das ist nicht weniger deprimierend - daß sich, trotzdem ein bestimmtes Lebensziel erreicht wurde, die innere Beruhigung und der innere Friede doch nicht einstellten, die man sich von der Erreichung dieses Ziels erhoffte. Im einen Fall verzweifelt man an sich selbst, im anderen am Leben.

Während der Krise wird die Arbeit, die zuvor leicht von der Hand ging, zur Anstrengung. Resignative Sätze, die auf "... ja doch nicht" enden, beherrschen Denken und Fühlen. Kurz gesagt: Die bisherige (wahrscheinlich eigenmächtige und eigennützige) Motivation trägt nicht mehr. Was unbedingt getan werden muß, tut man zwar noch, aber nicht mehr aus Hoffnung, sondern aus Treue, notgedrungen und ohne Elan. Man schleppt sich nur noch so dahin und fragt sich: "Ist das jetzt Depression?" Bisher hatten es immer nur die anderen.

Von Gott und der Ewigkeit her gesehen passiert aber etwas unsagbar Spannendes. Eine Person tut ihre Pflicht, *obwohl* sie keinen Sinn und keinen Gewinn mehr darin sieht. Sie tut etwas, von dem sie - in ihren eigenen Augen - nichts anderes als nur Mühe hat. Aber sie tut es. Die Engel jauchzen: "Laß uns jubeln und frohlocken, diese Person ist dabei, durchzubrechen zu einer uneigennützigen Haltung der Liebe."

Nach der Krise spürt man dann: Die Angst hat sich verringert, Möglichkeiten und Grenzen haben sich erweitert. Ich bin gelassener geworden, gütiger, freude- und liebesfähiger, unabhängiger von den gegebenen Umständen.

Vielleicht hat man es gar nicht im einzelnen mitbekommen, daß ein bis dahin für unerträglich gehaltener Schmerz ertragen, durchtrauert, durchlebt und damit die Angst vor ihm überwunden wurde. Aber dennoch ist jetzt eine bestimmte Erfahrung gemacht: Schmerz auszuhalten ist weniger grausam als ihn permanent "neurotisch" abzuwehren. Lieber im Vertrauen auf Gott das Schlimmste erleben, als es auf eine kaum bewußte, fast automatische Weise permanent mit Haltungen abzuwehren, die uns von Gott (und damit von der wirklichen Lösung des Problems) trennen.

Dahin zu kommen, ist der Sinn der großen Lebenskrisen, die unser bisheriges Denken und Fühlen erschüttern. Sie sprengen - zu unserem eigenen Besten - die Grenzen, die wir in der Kindheit selbst aufgerichtet haben.

Wir dürfen beten: "Herr, ich bin einverstanden mit diesen Phasen des Zerbruchs von Eigenmächtigkeit und Stolz. Erschüttere ruhig, was keinen Wert hat in deinen Augen, ich kann das aushalten. Baue mich um und stelle mich auf festen, unerschütterlichen Grund. Ich fürchte diesen Umbau nicht. Ich würde mich fürchten, wenn er *nicht* geschähe."

Wer nichts weiter tun könnte, als nur seine Krise samt der quälenden Orientierungslosigkeit, die für Krisen typisch ist, tapfer durchzustehen, der hätte allein schon durch das *Aushalten* solch unangenehmer Zustände viel zur ihrer Überwindung getan. (Nichtverschmerzte Enttäuschungen werden dabei - auch wenn uns das kaum bewußt wird - nach und nach verschmerzt.)

Dennoch gibt es auch Möglichkeiten, den Verlauf einer Krise günstig zu beeinflussen und diesen Umbau im Denken und Fühlen, auf den es offenbar ankommt, zu beschleunigen oder wenigstens nicht unnötig aufzuhalten. Hilfreich ist alles, was die innere Blindheit aufhebt, aus der heraus wir die Zusammenhänge oft so verkehrt einschätzen, so unnötig leiden und so falsch handeln.

Die Autoren Watzlawick, Weakland und Fisch weisen in ihrem Buch "Lösungen" (Bern 1988[4]) darauf hin, daß die bisher in bester Absicht versuchten Lösungen des Problems das *eigentliche* Problem sind. In die Sprache des Glaubens übersetzt: Die Handreichung des Bösen in der Not ist das Problem, nicht die Not selbst, in der Gott nah ist und gerne hilft.

In der Krise beginnt man diese Zusammenhänge erst zu ahnen und dann immer klarer zu sehen und sich - entlang dieser Sicht - schließlich von Gott erlösen zu lassen von den scheinbaren Hilfsmitteln und Hilfskonstruktionen im Denken. Am Ende wird der Betroffene fähig, auch über seine bisherigen Grenzen hinaus das Gute, das Angemessene, tun zu können, weil er es *will*, weil er es jetzt endlich (freiwillig und ohne beständige Hintergedanken an vordergründigen Profit) wollen kann.

Krise läßt sich aber auch abbiegen. Sie läßt sich vertreiben oder aufschieben. Und es ist möglich, um die Frucht der Krise betrogen zu werden. Allerdings wohl nicht auf Dauer. Die nächste Gelegenheit, ganz bewußt durch eine Not hindurchzugehen, kommt bestimmt.

Die Herkunft moralischer Werturteile

In Anlehnung an Max Scheler:„Das Ressentiment im Aufbau der Moralen" in Ges. Werke, Bern 1955

Max Scheler, der bekannte christliche Philosoph, setzte sich 1915 im oben angeführten Aufsatz mit Nietzsches Vorwurf auseinander, die christliche Moral und selbst die christliche Liebe seien in Wirklichkeit eine auf dem Boden des (jüdischen) Hasses gewachsene feine Blüte sublimer Rachsucht. In seiner sorgfältigen Studie kommt Scheler zu dem Ergebnis, daß sich das "Ressentiment", welches Nietzsche im Christentum beobachtet hatte, dem christlichen Glauben gern beimischt, aber keinesfalls sein Wesen ausmacht oder im eigentlichen Sinne überhaupt etwas mit ihm zu tun hat. Bei der Gelegenheit legt Scheler bloß, um was es sich bei dem von Nietzsche beobachteten Ressentiment handelt und auf welche Weise sich aus ihm tatsächlich Werturteile, Mißbilligung, Kritik, Mitleid und falsche (scheinbare) Liebe speisen. Der Aufsatz Schelers hat auch heute noch volle Aktualität und soll deshalb im Folgenden in seinen wesentlichen psychologischen Aussagen skizzenhaft wiedergegeben werden. Die ebenso interessanten theologischen, philosophischen und soziologischen Aspekte dieses Aufsatzes bleiben hier unerwähnt.

Das Dynamit nicht eingestandener Rachewünsche

Der von Nietzsche geprägte und von Scheler entfaltete Begriff "Ressentiment" bezeichnet eine bestimmte Form von Neid und Rachsucht. Wird Rache weder sittlich überwunden (indem man vergibt und auf Genugtuung verzichtet), noch ausgelebt, sondern unterdrückt und verborgen, dann erledigt sich ein solcher Racheaffekt nicht mit der Zeit von selbst. Im Gegenteil, er wächst sich, durch immer neue Anlässe gespeist, zur Rachsucht aus, die sich schließlich unkontrolliert an unbestimmten Objekten entlädt, welche nur ein bestimmtes Merkmal mit dem Objekt, demgegenüber der Rachewunsch ursprünglich entstanden war, gemeinsam haben müssen. Angesammelte, gestaute und unterdrückte Rache drängt also nach Ausdruck und sucht sich geradezu die Gelegenheiten hierzu. - Thematisch geht es bei der Rachsucht um die empörte Forderung nach Genugtuung für verletzte Ehre oder andere erlittene Schädigungen. Auslöser für Rachsucht ist immer die Wahrnehmung eines Gefälles von vermeintlichen Rechten und beanspruchter Geltung einerseits und den dahinter zurückbleibenden faktischen Gegebenheiten andererseits.

So entsteht zum Beispiel in einer Demokratie ein höheres Maß an Ressentiment in der Bevölkerung als in einer scharf artikulierten Standesordnung, weil der Anspruch, die gleichen Rechte wie andere zu haben, zwar zugesichert wird, sich aber dann praktisch oft doch nicht erfüllt, also eine frustrierende Diskrepanz zwischen formaler Gleichberechtigung einerseits und faktischer Zurücksetzung andererseits erlebt wird.

Der Neid und seine Art zu denken

Normaler- und gesunderweise erlebt ein Mensch die Gegebenheiten und Werte seiner Erfahrungswelt und freut sich ihrer oder leidet daran. Für ein mit unverarbeiteten Neiderfahrungen befrachtetes Denken ist es dagegen typisch, nicht mehr die Werte selbst zu betrachten, sondern statt dessen den Vergleich der Werte ins Auge zu fassen, also nur noch in den Kategorien mehr, weniger, höher, niedriger ... zu denken, zu leiden und zu genießen. Darüber hinaus ist es für den Neidischen typisch, daß er sich nicht freut, wenn ein anderer besser dran ist als er selbst. Den Nicht-Neidischen, sofern es ihm überhaupt einfällt zu vergleichen, freut das Gute, das zu ihm selbst in Kontrast ist und das ein anderer hat. Dem Neidischen dagegen tut jedes "höher, besser, mehr..." beim anderen weh, weil es ihm schmerzhaft sein Zukurzkommen nachweist, seinen Unwert, sein Pech, seine Zurücksetzung. – Hat das neidvolle Ressentiment im Denken und Fühlen eines Menschen Fuß gefaßt, dann bildet es entweder eine aktive oder eine passive Spielart aus. Die *aktive* Spielart des Neides bringt den "Streber" hervor, die *passive* den "Ressentiment-Typus" bei dem wir noch verweilen wollen

Umwertung der Werte

Durch verinnerlichte Einschüchterung wird dem Ressentiment-Typus der Mut genommen, einen Haß-Neid-Affekt zuzugeben und zu verarbeiten. So entsteht zusammen mit der oben beschriebenen schmerzhaften Relationsbetrachtung das Gefühl der Ohnmacht. Um das drückende Minderwertigkeits- und Zurücksetzungsgefühl zu verarbeiten, steht kein aktives Verhalten zur Verfügung. Da die peinvolle Spannung dennoch eine Lösung fordert, bietet sich jetzt die spezifische *Werttäuschung* des Ressentiments an. Je mehr der Gesamtvorgang von Kränkung, Neid, Rache, Einschüchterung unerledigt unterbunden und die Racheerregung aus dem Bewußtsein verdrängt wurde, um so mehr tritt nun ein bestimmtes Phänomen in Erscheinung: Die Abwertung derjenigen Werte, die man in Wirklichkeit begehrt. Mit diesem unbewußten "Kunstgriff" wird die Spannung auf einem illusionären Weg aufgelöst.

Solche Abwertung pflegt nun in Form von Kritik ausgedrückt zu werden. Diese Kritik wird als Ressentiment-Kritik bezeichnet. Für sie ist typisch, daß jede Abhilfe der als mißlich empfundenen Zustände nicht Befriedigung auslöst, sondern Unzufriedenheit. Es wird einem schon wieder etwas genommen: Der Grund zum Schelten. Die Ressentiment-Kritik hat also das Besondere, daß sie gar nicht ernstlich will, was sie fordert. Man kritisiert nicht zur Abhilfe des Übels, sondern benutzt die Kritik als Vorwand, sich überhaupt auszulassen. (Die Hölle dieses Erlebens besteht darin, daß man nicht herausfindet aus dieser Scheinwelt, hinter der man das wirkliche Leben ahnt.)

Negation und Kritik, durch das Gift des Ressentiments genährt, haben ganze philosophische oder auch politische Systeme hervorgebracht. So sieht man es zum Beispiel kommunistischen Theorien leicht an, daß sie durch den Neid der arbeitenden Klasse auf diejenigen Gruppen, die nicht durch Arbeit zu ihrem Besitz gelangten, gebildet sind. - Hier ist dann die Kritik das eigentliche, an dem die Sache selbst sich bewähren muß, statt daß umgekehrt die Sache untersucht wird und Kritik sich unter Umständen aus dieser Untersuchung ergibt.

Ebenso wie die Kritik werden oft auch Mitleid und scheinbare Liebe aus dem Ressentiment gespeist. Das Mitleid, das Liebe zu sein vorgibt, besteht in Wirklichkeit im verborgenen Haß gegen einen gemeinsamem Feind, wobei man die Übereinstimmung als Verbundenheit genießt und als Liebe interpretiert. Demgegenüber haben echte Liebe und Barmherzigkeit eine ganz andere, kraftvolle, positive Qualität.

Es gibt noch viele weitere Beispiele der giftigen Früchte aus dem Ressentiment. So wird unter Umständen etwas hochgelobt, aber nicht um seiner Qualität willen, sondern um etwas anderes zu verneinen. Das Gelobte wird in Wirklichkeit gegen etwas anderes ausgespielt. – Auch die Sehnsucht des "romantischen Seelentypus" kann vom Ressentiment geprägt sein. Er strebt, wenn er zum Beispiel von fernen Ländern oder vergangenen Zeiten schwärmt, nicht den Wert einer Sache an, sondern drückt mit seiner Sehnsucht im Grunde auch nur ein Ressentiment aus. - Ebenso kann man zum christlichen Glauben als System finden, um in Wirklichkeit Rache zu nehmen am bisherigen weltanschaulichen Standpunkt und seinen Vertretern. Scheler spricht in diesem Fall vom "Apostaten", den er dem "wiedergeborenen" Christen gegenüberstellt.

Generalisierung und Chronifizierung

Das Ressentiment hat die Neigung, sich thematisch auszuweiten. Durch Generalisierung richtet sich der ursprüngliche Racheimpuls zunächst gegen alle möglichen Eigenschaften desjenigen Menschen, durch den man gekränkt wurde, dann gegen die ganze Menschengruppe, zu der dieser Mensch gehört, schließlich zu beliebigen Erscheinungsmerkmalen, gleichgültig, wer sie hat und wo und wann sie auftreten. Eine Geste, ein Kleid, die Art zu reden, zu gehen, zu fühlen .. kann jetzt das Ressentiment aufstacheln. Das vergiftete, verzerrte Erleben ist chronisch geworden. Rachegefühle brechen regellos und plötzlich als haßerfüllte Ablehnung hervor, wobei der Zusammenhang zum ursprünglichen Objekt kaum mehr zu rekonstruieren ist. Der nichtbewältigte und jeder Kontrolle entglittene feindselige Affekt richtet sich schließlich gegen den Betreffenden selbst. Er wird zu jemandem, der sich selbst in Haß verzehrt. Die Selbstvergiftung, die auf diese Weise entsteht, kann zum inneren Hinwelken, ja zum Tode führen.

Awareness

Unsere innere Wahrnehmungswelt ist normalerweise so groß und so schön wie die äußere. Sie bildet diese ab. Man denke an das Glück kleiner Kinder, wenn sie etwas Neues entdecken und es in ihre Welt hinein begreifen.

Leider sind im Laufe unseres Lebens dieser unserer inneren Welt oft grobe Verzerrungen und Verdunklungen beschieden.

Durch frühe Verwöhnungsirrtümer und anschließende Herabsetzungserfahrungen oder Entthronungserlebnisse ("Man liebt mich nicht, weil ich so wertlos bin...") schiebt sich - und das ist die gröbste Verzerrung - das Ich ins Zentrum der eigenen Wahrnehmungswelt. Damit wird es jetzt angreifbar, verletzbar und empfindlich. Die Schmerzen, die durch die nun erst recht nicht ausbleibenden Herabsetzungserlebnisse entstehen, führen aber meist nicht dazu, daß der Mensch den Platz, den er sich anmaßte, wieder verläßt, sondern bewirken, daß er ihn jetzt gerade festhält und jeden Angriff auf die angemaßte Rolle als Angriff auf sein Leben erlebt und übelnimmt.

Jedes Übel aber, das (per Übelnehmen) "genommen" wurde, schlägt sich in unserer ursprünglichen so großartigen inneren Erlebniswelt häßlich nieder und verbaut, verdunkelt, überzieht, verzerrt und beschmutzt sie immer mehr (es sei denn, jedes Übelnehmen wird mit großer Sorgfalt durch den Akt echten Vergebens rückgängig gemacht).

Fortschreitende innere Verarmung

Das Kind, das solche Zusammenhänge natürlich nicht durchschaut, lebt bald entweder in der Hölle derjenigen Schmerzen, die es nicht vergeben hat, oder auf der Flucht vor dieser Hölle. Es beginnt, sich auf Lebensbereiche zu spezialisieren, die von den "Übeln" noch ziemlich verschont geblieben sind. Auf diese Weise bildet sich nach und nach ein Rollenverhalten heraus, ein Charakter mit Vorlieben und Eigenarten, Begabungen und Aversionen. Daß der Preis für die so entstandene Sicherheit im Verlust ganzer Ländereien innerer Erlebnismöglichkeiten besteht, die aus der Wahrnehmung wie ausgegrenzt sind, ahnt man nicht.

Wollen im weiteren Lebensverlauf Vorstellungen und Gedanken an die nichtbewältigten, von "Übeln" und der Angst vor ihnen durchdrungenen Lebenssituationen erinnern, wendet man sich ihnen nur ungern zu. Sie werden als überflüssig, unangenehm und irritierend erlebt. Was ausgeblendet wurde, soll ausgeblendet bleiben. - Schließlich verliert sich der Zugang zu den ungeliebten und deshalb ausgeblendeten ("verdrängten") Inhalten völlig.

Glücklicher- oder fatalerweise, wie man's nimmt, reagiert aber unser *Körper* nicht nur auf die uns bewußten, also von uns zugelassenen Vorstellungen und Gedanken, sondern auch auf solche, die wir unterdrückt haben. Und das im Laufe der Zeit zunehmend. Unbewußtes hat die Tendenz, bewußt werden zu wollen. Das Maß dessen, was man ungeprüft wegstecken kann, weil man es nicht wahrhaben, ja, nicht einmal anschauen will, ist eines Tages voll.

Einmal daran gewöhnt, Unangenehmes und Bedrohliches aus der Wahrnehmung auszublenden, will man jetzt jedoch zunächst auch nicht auf die Körpersignale achten. Man übergeht sie, bis sie sich vielleicht mit einer Krankheit gewaltsam Gehör verschaffen.

Wer nicht krank werden möchte, tut gut daran, den Körper und seine Signale (zum Beispiel Druck auf der Brust, Herzklopfen, Kopfschmerzen, Spannungen im Nacken, Verkrampfungen des Magens und ähnliches) zuzulassen und aufmerksam wahrzunehmen. Wer sich das angewöhnt, findet allmählich wieder den Zugang zu denjenigen "verdrängten" Vorstellungen, auf die das Körpersignal eine Antwort ist.

Es ist möglich, die Körpersignale wie eine Spiegelschrift zu lesen und zu verstehen, auf welche Drohbilder der Körper reagiert. Das bedeutet, daß die unbewußt gewordenen Vorstellungen (Erinnerungen oder "Deckerinnerungen") nun ganz bewußt und mit dem Wissen eines Erwachsenen angeschaut, durchlebt, bereinigt, durchtrauert, verschmerzt und eingordnet werden können.

Wer die Scheu überwindet, die gegenüber einer solchen Bewußtheit ("awareness") allgemein besteht, merkt bald, wie wohltuend es ist, sich dem, was in uns vorgeht, mutig zu stellen, um es endlich vor Gott tragen und mit Erlösung in Kontakt bringen zu können.

Beispiele

(1)

Eine Frau mittleren Alters sitzt mir gegenüber. Sie erwartet von mir psychologische Hilfe. Im Gespräch miteinander sind wir an ein Ende gekommen. Ihr fällt nichts mehr ein. Ich bitte sie, jetzt ihren Körper wahrzunehmen und lasse ihr dazu viel Zeit. Schließlich wird ihr ein Schmerz im Bereich der Lendenwirbel bewußt. Ich leite sie an, diesen Schmerz lediglich zu fühlen, nicht zu interpretieren. Ich bitte sie, es einfach eine Weile bei der Wahrnehmung dieses Schmerzes auszuhalten und herauszufinden, wie er sich anfühlt.

Nach einer Weile weiß sie: Dieser Schmerz bedeutet "Überforderung". Nun hat sie ihn doch gedeutet. - Mit dem Thema Überforderung haben wir einen neuen Gesprächsstoff. Was überfordert sie? Worum geht es, wenn sie sich übernimmt?

Wieso ist alles so schwer? Wir erarbeiten das mit Geduld.

Als das Thema Überforderung ganz durchgegangen und verstanden ist, sind die Rükkenschmerzen verschwunden. Offenbar hat sich ihr Sinn erfüllt.

(2)

Ein junger Mann leidet unter Verkrampfungen im Bauch. Indem er geduldig seine Aufmerksamkeit darauf richtet, versteht er, was ihn quält. Die Verkrampfungen entstehen, weil er sich bestimmten Vorstellungen nicht mehr länger entziehen kann, inneren Bildern, die alle *ein* Thema haben, über das wir nun sprechen können: Es gelingt dem jungen Mann nicht, wirkliche Freunde zu finden. Wenn er sich gelangweilt oder einsam fühlt und Gleichaltrige anruft, dann haben sie selten Zeit und offenbar kein Interesse für ihn. Es gelingt ihm nicht, in die Kreise hineinzukommen, die er seinerseits so schätzt. Aber nicht *das* macht ihm die Bauchschmerzen, sondern daß er das Verhalten der Gleichaltrigen als Mißachtung ansieht. Wenn er sich vorstellt, mit welchen Augen die "Freunde" ihn wohl sehen, wenn sie so reagieren, in welch negativem Licht er ihnen erscheinen muß, *dann* verkrampft sich etwas in seinem Bauch.

Nachdem er dies - nicht ohne eine Peinlichkeitshürde mir gegenüber zu überwinden - über die

Lippen gebracht hat, geht es ihm besser. Im Bauch spürt er kaum noch Anspannung.

(3)

Eine alte Dame klagt über kalte Hände und Füße. Auch ihr Thema sind Einsamkeit und Verlassenheit. Sie leidet unter der Vorstellung, bei den erwachsenen Kindern und Schwiegerkindern unerwünscht zu sein. Man will sie einfach nicht. Mir das so deutlich mitzuteilen, ist für sie nicht leicht. Sie selbst versteht ihre kalten Hände und Füße so, als wenn sie sich in sich selbst zurückziehe mit ihrem ganzen Leben und sogar mit dem Blut. Das geschehe wie automatisch, wenn sie sich die unfreundlichen Gesichter vorstelle, mit denen man sie empfängt, wenn sie mal vorbeischaut bei den Kindern.

Vorstellungen anzuschauen, die wir zunächst für fast unerträglich halten, hat zur Folge, daß Enttäuschungen erkannt, verschmerzt und vergeben werden können. Sobald das geschehen ist, verändern sich die inneren Bilder und werden wieder erträglicher. Der Körper dankt es uns, weil er dann endlich entspannen kann.

Die Heilung von Beziehungswunden

Manche Menschen fühlen sich, als seien sie durch und durch wund. Sie beginnen mit einem Mal, die Verletzungen aus der Vergangenheit zu spüren. Diese Tatsache überrascht, irritiert und ärgert sie. In ihrer Hilflosigkeit suchen sie Rat. Folgendes darf man ihnen raten:

Gibt es Verletzungen in deinem Leben, die noch wehtun? Dann sprich dich darüber aus. Tu es so gründlich, bis du weißt, worunter du so leidest. Oft ist es ein Konflikt, der so quält, und wir sind über die (scheinbare) Unlösbarkeit dieses Konfliktes verzweifelt. Indem wir darüber sprechen, kommt das Muster dieses Konfliktes zutage.

Sprich dich aus bei einem Freund, einem Seelsorger. Oder, vielleicht ist das noch einfacher, im Tagebuch, in einem Brief oder vor Gott direkt, also im Gebet.

Frage dich: *Was* tut eigentlich so weh? Welche Enttäuschung ist noch nicht verschmerzt? Was ist so schlimm? Was genau? In welcher Hinsicht bin ich so verletzbar? Hängen vielleicht unbewältigte Kindheitserinnerungen gefühlsmäßig mit daran? Führt die aktuelle Not vielleicht geradewegs in eine frühere, noch nicht verarbeitete ähnliche Not?

Geh, wenn du kannst, mit Jesus zusammen erinnerungsmäßig dahin zurück, wo du verletzt wurdest. Laß Gottes Gnade einziehen, wo du Schuld siehst (eigene oder Schuld anderer an dir). Segne deine Feinde. Bitte Gott auch um Vergebung für dein Nichtvergeben. Vergib jedem, wie dir vergeben ist.

Das ist der Balsam für unsere Wunden: Wenn Gnade an die Stelle von Ungnade und Verbitterung tritt.

Empfange den Heiligen Geist. Das geschieht, indem wir ihn rufen und bitten, daß er uns erfüllen möge und dann auch glauben, daß dies jetzt geschehen ist. (Die biblischen Verheißungen werden im *Glauben* empfangen, nicht im *Fühlen*.)

"Harre" vor dem Herrn auf das, was er dir zu deinem Besten zeigt. Bitte Gott zu reden. Halte jeden Schmerz und jeden Konflikt solange aus, bis du von Gott eine neue Orientierung bekommst, eine neue Sicht, mit der es sich wieder leichter leben läßt. Und gehorche dem, was du als richtig erkennst. Ein winziger Gehorsamsschritt in eine Richtung, die uns sehr zuwider ist, kann viel ausmachen für den Rückgewinn von verlorener Freiheit und verlorenem Wohlbefinden.

Auch Zorn und Trauer dürfen sich vor Gott ausdrücken. Denn Gefühle, die wir verleugnen, verändern sich nicht. Geh in deiner Vorstellung an die "Klagemauer", schütte dein Herz vor Gott aus. Schreib "Schuldscheine", die du später, wenn du vergeben (= die Schuld erlassen) kannst, zerreißt.

Spüre dich auch in deinem Körper. Achte darauf, was der Körper signalisiert. Unser Körper rea-

Ja, die Erlösung reicht aus.
Zur Vergebung und zur Veränderung!

giert auf bedrohliche Vorstellungen mit Unruhe und Anspannung. Es hilft viel, das in Ruhe wahrzunehmen und dann die Gefühle und Gedanken, die in uns sind, in Worte zu bringen und diese Worte zu einem Gebet werden zu lassen. Das darf auch mit Geschrei verbunden sein.

Von Jesus heißt es im Hebräerbrief (Hebr. 5, 7 - 9): *"Und er hat in den Tagen seines Fleisches Bitten und Flehen mit starkem Geschrei dem dargebracht, der ihn vom Tode retten konnte und ist auch erhört und befreit worden von dem Zagen. Und wiewohl er Sohn war, hat er doch an dem, was er litt, den Gehorsam gelernt; und so zur Vollendung gelangt, ist er allen, die ihm gehorchen, der Urheber ewigen Heils geworden."*

Wenn wir uns mit unseren Gefühlen wahrheitsgemäß ausdrücken, dann kann sich die quälende Sichtweise verändern. Heilung des inneren Menschen bedeutet, daß Gott unsere Vorstellungen korrigiert.

Bleib am Ball! Gib nicht auf! Tu nichts, dessen du dir nicht gewiß bist. Aber dann, wenn dich Gott gewiß macht, tu, was du kannst. Sei zäh! ("Herr, ich lasse dich nicht, du segnest mich denn!")

In jedem seelischen Schmerz und in jedem seelischen Konflikt geht es um Werte, die durch Sorge "überwertig" geworden sind. Das Gegenmittel dazu ist immer (und immer wieder neu) unsere Lebensübergabe, durch die Gott an den Platz kommt, an dem er Gott sein und uns helfen kann: an den ersten.

Hanne Baar,

Diplompsychologin, lebt heute als Hausfrau und Mutter zweier noch schulpflichtiger Söhne in der Nähe von Würzburg.

1968 Studienabschluß in Münster

1968 bis 1973 Lehrtätigkeit in Fachschulen für Sozialpädagogik in Gelsenkirchen und Oberhausen

1973 bis 1980 Leitung einer psychologischen Beratungsstelle des Kreises Neuss in Meerbusch

1974 Bekehrungserlebnis, neue und tiefere Annahme des christlichen Glaubens

1976 bis 1987 Leitung einer Teestube („Die Arche") in Meerbusch-Osterath (zusammen mit ihrem Mann)

1988 bis 1990 Arbeit mit psychisch Kranken im Rahmen von Teen Challenge in Freiburg-Opfingen (zusammen mit ihrem Mann)

1987 bis 1990 Zusatzausbildung zur Christlichen Therapeutin (IACP) bei IGNIS, Kitzingen

seit 1990 wohnhaft in Rottendorf bei Würzburg

Autorin folgender Bücher:

„Kommt, sagt es allen weiter", Herder-Verlag, Freiburg 1983
(zu beziehen über Hymnus-Verlag)
„Quälgeist Eifersucht", Hymnus-Verlag, Rottendorf 1997^{3}
„Die Namen meiner Feinde", Hymnus-Verlag, Rottendorf 1996^{3}
„Gott macht das Krumme gerade", Hymnus-Verlag, Rottendorf 1995^{2}
„Gott macht das Schwache stark", Hymnus-Verlag, Rottendorf 1998^{2}
„Gott macht alles neu", Hymnus-Verlag, Rottendorf 1995
„Wie man wahnsinnig werden kann", Hymnus-Verlag, Rottendorf 1998^{2}
„Kierkegaard zum 18ten", Hymnus-Verlag, Rottendorf 1997
„Die vogelstimmenfreie Zeit", Hymnus-Verlag, Rottendorf 1998

WEITERE BÜCHER DER AUTORIN IM HYMNUS-VERLAG

Hanne Baar

KIERKEGAARD ZUM 18TEN

Beiträge zu einer christlichen Tiefenpsychologie
Nachwort Peter Hübner

Hymnus-Verlag
84 S, Pb, 10 EUR
ISBN 3-9803801-6-5

Mit „Kierkegaard zum 18ten" ist einer der wichtigsten Texte Kierkegaards (das Kapitel „Gleichgewicht" aus ENTWEDER-ODER) für Nichtphilosophen leichter lesbar gemacht (per Kürzungen, Straffung, Zwischenüberschriften).

Thema dieses Textes ist die existentielle Bedeutung eines ethisch bestimmten Weges, der nur in absoluter Freiheit gewählt werden kann.

Geeignete Lektüre für den Religions-, Ethik- oder Philosophieunterricht an Fachschulen, Gymnasien oder Bibelschulen.

Passendes Geschenk zum Abitur oder Volljährigkeitsgeburtstag

Hanne Baar

KIERKEGAARD FÜR VOLLJÄHRIGE

Beiträge zu einer christlichen Tiefen-psychologie

Hymnus-Verlag
Pb., 110 S. 10 EUR
ISBN 3-933959-01-2

Verzweiflung, eine Krankheit zum Tode? Nein, gerade der tiefste Verzweiflungspunkt verbirgt den Zugang zu einem von Verzweiflung befreiten Leben.

Hanne Baar (Hrsg.), Wolfhard Margies

GOTT MACHT DAS FINSTRE HELL

Essays zum Nachspüren

Hymnus-Verlag
Br., 11 x 18, 84 S.,
7,50 EUR
ISBN 3-933959-03-9

Inhalt: Erscheinungsweise des Dämonischen – Grundursachen – Befreiung

Hanne Baar
QUÄLGEIST EIFERSUCHT

Hymnus-Verlag,
Tb., 100 S., 7,50 EUR
ISBN 3-9803801-1-4

Hanne Baar ist in ihrer psychologischen Beratungspraxis der Eifersucht oft begegnet und hat sie zu heilen versucht. Trotzdem und wider alle Vernunft hat es sie eines Tages selbst getroffen. Von ihren ganz persönlichen Erfahrungen mit der Eifersucht berichtet sie in diesem Buch.

Hanne Baar
GOTT MACHT DAS KRUMME GERADE

Essays zum Nachspüren

Hymnus-Verlag
72 S, Tb, 7,50 EUR
ISBN 3-9803801-0-6

Inhalt: Wonach sich das Herz verrenkt – Entstehung negativer Haltungen – Das dominante Wesen – Leistungsorientiertheit und Glaube – Die Grenze zum Wahnsinn – Seelischer Schmerz und die Angst davor ...

Hanne Baar

GOTT MACHT ALLES NEU

Essays zum Nachspüren

Hymnus-Verlag
72 S, Tb, 7,50 EUR
ISBN 3-9803801-4-9

Inhalt: Amazing grace – Das Übel nicht nehmen – Das Übel im Leib – Diagnose Krebs – Diagnose Schizophrenie – Verhängnisvolle Dreiecksbeziehungen – Gott kann rechnen – Das Keine-Zeit- Syndrom ...

Hanne Baar

GOTT MACHT KEINE FEHLER

Essays zum Nachspüren

Hymnus-Verlag
72 S, Tb, 7,50 EUR
ISBN 3-933959-02-0

Inhalt: Heilung am wunden Punkt – Verzweiflung, eine Krankeit zum Tode? – Zusammenhänge sehen oder konstruieren? – Angst vor Dämonen oder Vollmacht?...

Hanne Baar

DIE NAMEN MEINER FEINDE

Haltungssünden unter der psychologischen Lupe

Hymnus-Verlag
120 S, Tb, 7,50 EUR
ISBN 3-9803801-2-2

Viele Menschen fühlen sich heute unter Druck, manche permanent und in sich steigernder Weise. Sie sind geradezu druckallergisch. Alles wird ihnen zu eng: Kleider, Vorschriften, Termine, Erwartungen und Ansprüche anderer. Vor allem quält sie der Druck, der von den (wirklichen oder vermeintlichen) Bergen unerledigter Arbeit ausgeht. Das Ergebnis ist ein beständiges Gefühl von Überforderung, das alle Freude tötet.

In dem hier erzählten Zeugnis kommt nach und nach zum Vorschein, was bei diesem Geschehen das *eigentlich* Zerstörerische ist. Die Feinde zeigen ihr Gesicht und verraten ihre Namen.

„Die Psychotherapie von Hanne Baar zeigt für mich als Psychoanalytiker wie als Christ eine verblüffende Vereinfachung, die sich aus dem charismatischen Ansatz ergibt."
Prof. Dr. med. et phil. A. Görres, München

„Ich muss sagen, dass ich von diesem Innenweltkrimi begeistert bin. Ich habe ihn in einem Zug durchgelesen."
Dr. med. Wolfhard Margies, Berlin

Hanne Baar

WIE MAN WAHNSINNIG WERDEN KANN

Beiträge zu einer christlichen Tiefenpsychologie

Hymnus-Verlag
96 S, Pb, 34 Abb., 10 EUR
ISBN 3-9803801-5-7

Es gibt einen „Virus“, der unsere Denkprogramme umfunktioniert und uns in den Wahnsinn zu treiben versucht. Wer die eskalierenden Frustrationen einander entgegenstehender Ansprüche nicht bewusst zu verschmerzen lernt, den zerreißt es im Laufe der Zeit. In diese Zerrissenheit hinein bietet sich (pseudoverbindend) der Wahnsinn an.

So gesehen ist der Wahnsinn nur die Spitze einer Entwicklung, in der wir alle mehr oder weniger stecken. Und damit ist das hier psychologisch wie geistlich entfaltete Thema mit seinen Irrwegen und Auswegen von *allgemeinem* Interesse.

Indem der Weg in den Wahnsinn aufgezeigt wird, wird gleichzeitig der Ausweg sichtbar.

Hanne Baar

GOTTESVERWECHSLUNG

Jana-Herzberg-Grafiken

Hymnus-Verlag
Pb., 120 S., davon 75 S. Grafiken, 10 EUR
ISBN 3-9803801-9-X

„Bei falschen Gottesbildern ist die Umkehr in einer Tiefe nötig, bis zu der diese Bilder reichen."
Klaus-Dieter Passon, Düsseldorf, Pastor der Jesus-Haus-Gemeinde

Hanne Baar und Jana Herzberg

GOTTESBEGEGNUNG *am wunden Punkt*

Hymnus-Verlag
Pb., 120 S., davon 74 S. Grafiken, 10 EUR
ISBN 3-933959-04-7

In 74 Zeichnungen, mit handschriftlichen Seufzern und Gebeten versehen, geht es konsequent um Entgiftung der Gefühls- und Vorstellungswelt. Kommentierende Texte sorgen für die seelsorgerliche Einbettung.